Dieses Buch Gehört Zu:

_____

_____

© **Copyright 2023 - Alle Rechte vorbehalten.**

Sie dürfen den Inhalt dieses Buches nicht ohne direkte schriftliche Genehmigung des Autors reproduzieren, vervielfältigen oder versenden. Sie können den Herausgeber unter keinen Umständen für irgendeine Wiedergutmachung, Entschädigung oder einen finanziellen Verlust aufgrund der hierin enthaltenen Informationen verantwortlich machen, weder direkt noch indirekt.

Rechtlicher Hinweis: Dieses Buch ist urheberrechtlich geschützt. Sie können das Buch für persönliche Zwecke verwenden. Sie sollten das in diesem Buch enthaltene Material weder ganz noch teilweise verkaufen, verwenden, verändern, verbreiten, zitieren, auszugsweise übernehmen oder paraphrasieren, ohne vorher die Erlaubnis des Autors einzuholen.

Hinweis zum Haftungsausschluss: Bitte beachten Sie, dass die Informationen in diesem Dokument nur zur gelegentlichen Lektüre und zu Unterhaltungszwecken gedacht sind. Wir haben alle Anstrengungen unternommen, um genaue, aktuelle und zuverlässige Informationen bereitzustellen. Wir geben keine ausdrücklichen oder stillschweigenden Garantien jeglicher Art. Die Personen, die dieses Buch lesen, nehmen zur Kenntnis, dass der Autor nicht damit beschäftigt ist, rechtliche, finanzielle, medizinische oder andere Ratschläge zu geben. Wir haben den Inhalt dieses Buches an verschiedenen Stellen zusammengetragen.

Bitte konsultieren Sie einen zugelassenen Fachmann, bevor Sie die in diesem Buch gezeigten Techniken ausprobieren. Indem er dieses Dokument durchgeht, kommt der Buchliebhaber zu einer Vereinbarung, dass der Autor unter keinen Umständen für irgendeinen Verlust, direkt oder indirekt, verantwortlich ist, den er aufgrund der Verwendung des in diesem Dokument enthaltenen Materials erleiden kann, einschließlich, aber nicht beschränkt auf, Fehler, Auslassungen oder Ungenauigkeiten.

Milton Keynes UK
Ingram Content Group UK Ltd.
UKHW051824030924
447771UK00007B/57